扫码获取视频资料

厦门大学美育与通识教育丛书

遇见
手语

趣味手语入门

肖晓燕 主编　　蔡鸿美　徐林　李萌 编

厦门大学出版社

XIAMEN UNIVERSITY PRESS　国家一级出版社
全国百佳图书出版单位

图书在版编目（CIP）数据

　　遇见手语 ：趣味手语入门 / 肖晓燕主编 ；蔡鸿美，徐林，李萌编. -- 厦门 ：厦门大学出版社，2025. 3.（厦门大学美育与通识教育丛书）. -- ISBN 978-7-5615-9501-5

　　Ⅰ. H126.3

　　中国国家版本馆 CIP 数据核字第 2024SW6721 号

责任编辑　高奕欢
美术编辑　张雨秋
技术编辑　许克华

出版发行　厦门大学出版社
社　　址　厦门市软件园二期望海路 39 号
邮政编码　361008
总　　机　0592-2181111　　0592-2181406(传真)
营销中心　0592-2184458　　0592-2181365
网　　址　http://www.xmupress.com
邮　　箱　xmup@xmupress.com
印　　刷　厦门市竞成印刷有限公司

开本　720 mm×1 020 mm　1/16
印张　13
字数　200 千字
版次　2025 年 3 月第 1 版
印次　2025 年 3 月第 1 次印刷
定价　60.00 元

本书如有印装质量问题请直接寄承印厂调换

厦门大学出版社
微信二维码

厦门大学出版社
微博二维码

总 序

真善美：大学的教育价值

　　厦门大学美育与通识教育中心应该是中国高校第一个在"通识教育"之前冠上"美育"的机构，这是一个很有创意的设计。中心成立以来，紧锣密鼓地开展了许多工作，目前出版的这套系列丛书，是中心众多工作的组成部分之一。这套系列丛书融美育与通识教育为一体，相比较单一的通识教育，大有双音合奏、琴瑟齐鸣之感。

　　美育与通识教育是我国高等教育坚持立德树人育人导向，构建德智体美劳全面培养的教育体系必不可少的重要组成部分。我们常谈教育中的"真善美"，三者不仅仅是简单的并列关系，在某种程度上，也存在"位阶"关系。教育求真，知识向善，最终是要表现为一种"美"的境界。所以，我说教育的最高境界是实现一种"美"的追求。美育和通识教育重在通过以美育人、以文化人的方式，提高学生审美能力和人文素养，尤其是在高等教育高度专业化、知识分类愈发精细化的今天，美育和通识教育的价值不言而喻。

"美育"一词既是一个现代词汇，也是一个本土化表达。根据蔡元培在《二十五年来中国之美育》一文中的说法，"美育的名词，是民国元年我从德文 Ästhetische Erziehung 译出，为从前所未有。"1912年，伴随蔡元培《对于教育方针之意见》的发表，美育成为"五育"之一，获得广泛关注。"五者，皆今日教育所不可偏废者也。军国民主义，实利主义，德育主义三者，为隶属于政治之教育（吾国古代之道德教育，则间有兼涉世界观者，当分别论之）。世界观、美育主义二者，为超轶政治之教育。"事实上，尽管中国古代没有"美育"的概念，但审美教育，艺术教育等美育观念却是古已有之。所以，以蔡元培为代表的中国学者，在阐释外来教育理念时，很容易将"美"和"育"二字进行合并组成新的词语。可见，美育是通过"意译"而非"音译"的手段进入汉语的话语体系，从而获得广泛传播和独立表达，并发展成为一个常识性词汇，这称得上是"本土化"转型的典型。

那么，如何理解"美育"对于教育的意义？一是美育并非专业教育。长期以来，在教育实践中，我们把美育教育等同于艺术教育，这制约了其他美育实践形式的探索和发展，从理论上讲，艺术教育只是美育的组成部分之一。只有走出专业教育的窠臼，美育才会有更大的生长空间，不仅只是在艺术教育中显现，更能在德育、智育、体育、劳动教育中彰显，以美润德、以美育智、以美塑体、以美促劳，让学生看见人性之美、科学之美、运动之美、劳动之美，"美"才能真正成为一种普适性的教育理念。二是美育并非针对专业的人的教育。美育不是为了培养音乐家、绘画家、书法家等专业人才，或者说，他们只是美育教育的副产品。真正的美育是针对所有人的美的教育，如马克思所说"人也按照美的规律来塑造物体"。接受了美育的人，虽说做不到眉目一举知千秋，绣口一吐半盛唐，但他或许会在某个不经意的瞬间，桃花依旧笑春风。美育是要帮助每一个人走出知识的狭隘，避免"智识"的平庸，真切懂得什么叫人间值得。

谈完美育，再说通识教育。通识教育既是一个历史现象，又是一个现实问题。从公元前4世纪亚里士多德提出自由教育思想开始，历经发展流变，到19世纪初美国教育家倡导通识教育，这样一种教育思想有着深厚的历史渊源。通识教育强调摆脱功利和实用，注重为学生提供内容宽泛的综合教育，与专业教育相区别。随着高等教育过度专业化的问题开始凸显，人才培养愈发不能适应社会发展的需求和科学进步的要求，通识教育开始走入现代高等教育改革的视野，愈发得到重视。例如，爱因斯坦曾指出："用专业知识教育人是不够的……否则，他——连同他的专业知识——就更像一只受过很好训练的狗，而不像一个和谐发展的人。"关于此类的反思乃至"批判"很多，如我国梁思成先生1948年在清华大学所讲的"半面人"。当时，梁先生是从大学文理分家导致人的片面化谈起的，他提倡教育要走出"半个人的时代"。新中国回国后的钱学森先生考察清华大学时，也表达了对清华大学调整为单一的工科大学导致人才培养窄化问题的忧虑。他在晚年的时候发出的"钱学森之问"，两者之间是否存在某种内在联系，需要我们认真反思。

在通识教育的理解上，一直存在着偏差。"通识"不是意味着什么都知道，或者什么都知道一点儿。"通识教育"一词是从英文"general education"翻译过来的，"general"的本意是"总体的、普遍的、一般的"，如果说专业教育研究的是高深学问，那通识教育关注的则是价值问题，其中既包括一些常识问题，也包括时代的新问题。"通识"的真正含义是让教育回归常识，回归教育活动的本质。"通识教育"需要的是回归教育的本心，回归育人的初心，这是所有的专业教育都需要的。某种意义上说，通识教育称得上是专业教育的底线和红线。反观现实，长期存在这样一种倾向，即把通识教育作为一种知识体系的教育，倡导专业之间、学科之间、知识之间的互补，让人文社会科学的学生选修自然科学、工程科学的课程，反之亦然。事实上，我们忽视了通识教育更为重要的含义，它是一种思维塑造、情感熏陶、价值引领，而不是单纯的知识传递。

中国近代大学的学科体系和知识体系，几乎是在一张白纸上建构起来的，我们经历了太多因为知识匮乏而导致的苦难，为了实现旧邦新造，我们揖美追欧，如饥似渴地学习，潜移默化影响了我们的民族心理。投射到高等教育中，那就是专业导向、学科导向、知识导向，大力发展"有用"之学，学好数理化，走遍天下都不怕。但是，过分神话知识的魅力，过度强调语义的记忆，过于重视技能的传授，极力崇尚知识的专业性，却忽视了对学生情感、态度、学习能力，以及价值观的培养，教育的育人功能被严重窄化，知识的价值仅仅被解读为"有用"。今天，我们应该有足够的自信、足够的闲暇拾起这些"无用"之学，让知识宽起来，让教育静下来，多一份坦然，少一份急躁。

邬大光

2022 年 6 月 30 日

前言

我与手语结缘

　　我第一次关注到手语是 2001 年在英国伦敦我的毕业典礼上。我看到礼堂舞台右前方角落里有一小群人挥舞着双手，仿佛在热烈交谈。我从没见过这样的沟通方式，当时觉得非常新奇。回国几年后，我在我孩子上幼儿园时认识了另一位妈妈，她就在厦门市特殊教育学校教聋人孩子，我特别好奇，就经常问她怎么和聋人孩子沟通。但这个时期，我也只是关注到有这么一个群体存在。

　　我真正对手语产生学术兴趣是在 2006 年去美国加利福尼亚大学洛杉矶分校（UCLA）访学时，去听（看）了一场聋人教授（Patrick Bouldreault）的讲座，他讲的题目是"美国手语的句法研究"。我去听这个讲座，一是因为讲座有同声传译，而我的研究领域就是同传；二是讲座的题目居然是"手语的句法"，我那时想：手语还有句法？真是不可思议。那次讲座的现场非常精彩，台上是聋人教授挥舞着双手，配合着生动丰富的表情和肢体呈现，台下坐在第一排的手语同传拿着麦克风一边看着聋人的手语，一边流畅自如地说着英文。我们英汉同传都要坐在箱子里戴着设备才能进行，手语同传居然做得这么轻松自然。当时就坐在同传旁边的我都看呆了。而台上这位聋人教授展现出来的这门独具魅力的语言也深深地震撼了我。回国后我就开始找国内与手语翻译相关的研究，结果发现，当时国内的翻译界基本不提手语翻译，零星找到的几篇文章都是特殊教育界发表的一些感想和观察，并没有翻译学科的视角和方法。而国外的文献中手语传译（sign language interpreting）的研究还是相对丰富的。基于我自己英文专业以及翻译学科背景的优势，我决定进入这个领域，希望能把主流翻译界忽视的这个小领域带进来。

2008 年，我申请的国家社科基金"手语翻译的理论建构"青年项目很幸运地获得立项，这也是国家社科基金首个关于手语翻译研究的立项。当时我受到极大的鼓舞，踌躇满志，准备大干一番。但是当我兴致勃勃地去参加国内特殊教育（手语翻译从业者基本都是这个领域的）的会议时，我被浇了一盆又一盆冷水。很多人带着怀疑和不解问我：

你家有聋人吗？

（没有。）

你教聋人学生吗？

（不教。）

你会手语吗？

（不会。）

那你为什么要来研究手语？

（……）

这些灵魂拷问也迫使我思考：要进入一个全新领域、被一个陌生群体接受是需要付出长时间的努力的，信任是需要去赢得的。

十七年过去了，我仍在这个领域坚持。其间，我去世界聋人心目中的"圣地"——美国加劳德特大学（Gallaudet University）——访学了一年；我结识全国各地的聋人朋友，被他们的热情、幽默、风趣深深感染，他们成为我的课题、论文、教材、课堂教学的重要合伙人，我也把手语带入了翻译圈。从2012年开始，全国口译大会也出现了手语译员的身影。

对于前面几个灵魂拷问，我甚至也有了不同的答案：

你家有聋人吗？

（我公公年纪大了听不见了，算吗？）

你教聋人学生吗？

（很多年轻的聋人朋友找我请教，和我合作，算吗？）

你会手语吗？

（我会！）

那你为什么要来研究手语？

（哈哈哈，其实这个问题已经没人问我了。）

肖晓燕

2025 年 2 月

手语文本说明

本书将聋人手语文本和汉语译文两部分以对照方式进行排列。其中聋人手语文本包括非手控特征以及解说性文字。文本中所涉符号含义说明如下：

● 括号"（ ）"注明非手控特征（即面部表情和身体姿势），表示该句应做出相对应的面部表情或身体姿势。

● 分隔符"/"将聋人语句的每个手语词汇分隔开，方便大家理解聋人手语的语序及构句方式；双分隔符"//"区分前后两个意义较完整的语句。

● 箭头"→"表示动词的施加方向。

● 加号"+"表示该句情感程度加强，应通过更夸张的面部表情和身体姿势来表现。

本书模特

蔡鸿美（瘦瘦）

徐　林（胖胖）

Sign Language

目录

好久不见

一、趣味对话

1. 词汇与短语

扫描二维码，
观看词汇和短语视频。

名字	胖胖	瘦瘦	高兴
认识	美	又	一样
很忙	生活	好不好	一般
忙什么		好久不见	拍摄
你先忙，我走了		为什么	工作
带孩子	玩	朋友	喝酒　累

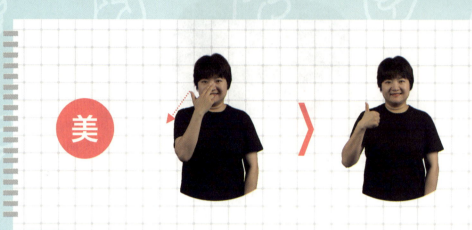

美

又

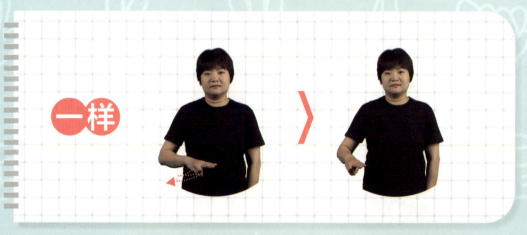

一样

为什么

玩

累

2. 情景呈现

扫描二维码，观看对话视频。
看看胖胖和瘦瘦在聊啥，对照文本学习对话。

瘦瘦

胖胖

（第一次见面）

● **瘦瘦：** / **你** / **好** / 你好。

● **胖胖：** / **你** / **好** / 你好。

● **瘦瘦：** / **我** / **名字** / **瘦瘦** // **你** / **名字**（**疑问**）/
我是瘦瘦，你的名字是什么呢？

● **胖胖：** / **我** / **名字** / **胖胖** // **认识** / **高兴** / 我是胖胖，很高兴认识你。

● **瘦瘦：** / **我** / **一样** / **认识** / **高兴** / 我也是，很高兴认识你。

● **胖胖：** / **你** / **美** / 你好美啊。

● **瘦瘦：** / **谢谢** / 谢谢。

● ● ●　● ● ●　● ● ●　● ● ●

（第二次见面）

● **瘦瘦：** / **来** / **坐** / 快来这坐。

● **胖胖：** / **好** // **又** / **见** / 你好，又见面了。

● **瘦瘦：** / **生活** / **好** / **不好**（**疑问**）/ 你过得好吗？

●胖胖：/可以//你/忙（疑问）/过得还行。你忙吗？

●瘦瘦：/忙//拍摄/很忙，忙着拍视频。

●胖胖：/你/忙//我/走/那你先忙，我走了。

●瘦瘦：/OK//下/次/见/好的，下次见。

●胖胖：/OK//再见/好的，再见。

（第三次见面）

●胖胖：/见/没/好久不见了。

●瘦瘦：/你/生活/好/不好（疑问）/你过得好吗？

●胖胖：/一般/一般般。

●瘦瘦：/为什么（疑问）/为啥？

●胖胖：/忙/太忙了！

●瘦瘦：/忙/什么（疑问）/忙些什么呢？

●胖胖：/工作/带/孩子//你（疑问）/忙工作，还要带孩子。你呢？

●瘦瘦：/我//忙/一样/我？也一样很忙啊。

●胖胖：/忙/什么（疑问）/忙些什么呢？

●瘦瘦：/玩/见/朋友/喝/酒/玩//累/
忙着玩啊，见朋友啊，喝酒啊，到处玩啊，太累了！

●胖胖：/（翻白眼）我/先/走//拜拜/我先走了，再见。

●瘦瘦：/拜拜/再见。

二、主题拓展

扫描二维码，观看拓展视频。

1. 问候用语

● 你好。

● 你们好。

● 又见面了。

● 工作忙。

● 最近很忙。

● 你忙什么？

● 忙上班，还要带孩子。

● 我忙着见朋友，聚会喝酒。

● 好久不见。你怎么样？

● 最近过得好吗？

2. 道别用语

- 你忙，我走了。

- 电话联系。

- 加微信吧，我扫你还是你扫我？

- 有事发微信。

- 下次见！

- 明天见！

- 晚安。

三、聋文化轶事

学手语很酷

手语是很多聋人最喜欢也最有效的沟通方式。健听人为何要学手语呢？学习手语有什么好处呢？

手语和我们熟悉的有声语言一样，也是一种人类自然语言，但和汉语、英语、法语等不同的是：手语是一种独特的视觉空间语言。学手语不仅能拓展我们的学术视野和认知，还能让我们习得一项无障碍沟通技能，更好地服务我国无障碍社会建设的需求。

学习手语不仅可以带来很多快乐，还有许多意想不到的妙处，比如：

- ✔ 在喧嚣的酒吧或闹市再也不用撕扯着嗓子说话。
- ✔ 隔着玻璃也可和同伴清晰交流。
- ✔ 潜水时仍可自如沟通。
- ✔ 在安静的图书馆聊天而不会吵到其他人。
- ✔ 有一套秘密语言，只有懂的人才懂哦！
- ✔ 还有很多优点等你去发现……

总而言之，手语是一门很酷的语言，会手语好处多多。比如，聋人夫妻晚上吵架，丈夫要是不想看妻子唠叨，只需要关灯就吵不起来了！

当然，打手语偶尔也有不方便的时候，比如聋生宿舍熄灯后就不能再进行"卧谈会"了。

第二单元

不是男朋友，
是同学啦

一、趣味对话

1. 词汇与短语

扫描二维码，
观看词汇和短语视频。

姐姐	妈妈	年轻	老
女儿 / 女孩	聪明	哥哥	侄女
吵闹	调皮	讨厌	儿子 / 男孩
帅	同事	凶	老板
男朋友	客户	同学	追求

聪明
①

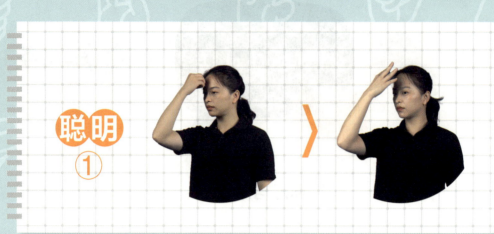

聪明
②

吵闹
①

吵闹
②

调皮  帅

凶  ①  凶  ②

追求

2. 情景呈现

扫描二维码，观看对话视频。
看看胖胖和瘦瘦在聊啥，对照文本学习对话。

● **胖胖**：/她/你/姐姐（疑问）/她是你姐姐吗？

● **瘦瘦**：/不是//她/我/妈妈/不是，她是我妈妈。

● **胖胖**：/年轻/哇，好年轻！

● **瘦瘦**：/我/老（疑问）/我很老吗？

• • •　• • •　• • •　• • •　• • •

● **胖胖**：/这/女孩/聪明//是/你/女儿（疑问）/
这女孩聪明，是你女儿吗？

● **瘦瘦**：/不是//我/哥哥/女儿/不是，她是我哥哥的女儿。

● **胖胖**：/侄女/是侄女啊。

● **瘦瘦**：/是/是的。

• • •　• • •　• • •　• • •　• • •

●瘦瘦：/那/闹/皮//谁/家（疑问）//讨厌/
那个男孩太皮了，谁家的？真讨厌。

●胖胖：/他/是/我/儿子/他是我儿子。

●瘦瘦：/可爱＋/他好可爱！

●胖胖：/他/帅（疑问）/他很帅吧？

●瘦瘦：/帅＋/帅帅帅！

• • • • • • • • • • • •

●胖胖：/他/帅//你/男朋友（疑问）/他好帅，是不是你男友？

●瘦瘦：/不//我/同学/不是，他是我同学。

●胖胖：/喜欢/有（疑问）/喜欢他吗？

●瘦瘦：/有（嘘……）/是……

●胖胖：/快/追/赶紧去追啊。

●瘦瘦：/OK/好！

二、主题拓展

扫描二维码，观看拓展视频。

1. 亲属关系

爸爸

妈妈

叔叔

阿姨

舅舅

舅妈

哥哥

弟弟

姐姐

妹妹

侄女

女儿

儿子

2. 社会关系

老师

学生

同学

同事

老板

朋友

客户

"聋哑人"还是"聋人"？

在诸多对聋人的称谓中，哪些是合适的，哪些是会让他们感到被冒犯的呢？

首先，"哑巴"和"聋子"这样的称呼是非常不敬且绝对禁止的。其次，在国内的媒体报道中也经常出现"聋哑人"一词。其实，聋人群体并不喜欢"聋哑人"这个词，因为尽管他们听不见，但是并不哑。他们的声带是正常的，是可以发声的。有的聋人还喜欢唱卡拉OK呢（虽然可能会跑调）。

多数聋人要学习发声会面临极大的挑战，需要进行漫长的语言训练，付出非凡的努力，耗费大量的时间和精力。在有手语的环境下，聋人能非常自然轻松地习得手语。

那么应该如何称呼他们呢？

"聋人"是这个群体更愿意接受的称呼，因为"聋"不仅是生理特征，还是文化特征。世界上不少国家的聋人群体并不把自己当成听力障碍者，而是把自己这个群体看成一个语言文化意义上的社群，这个社群有自己的语言——手语，也有自己的行为方式和思维特点。

"听障人士"这个表达目前作为中国官方称谓仍被广泛使用。国外有越来越多的聋研究相关学者以及出版社不再使用"听障人"（hearing-impaired person）这个概念，而是直接使用"聋人"（deaf）和"重听人"（hard of hearing）这样的词。

第三单元

这也太贵了

一、趣味对话

1. 词汇与短语

扫描二维码，
观看词汇和短语视频。

多少钱	二十	太便宜
贵	三万	辣 好吃
牛	热	胖

便宜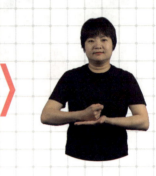

贵

三万

辣

牛

热

2. 情景呈现

扫描二维码，观看对话视频。
看看胖胖和瘦瘦在聊啥，对照文本学习对话。

● **瘦瘦：** / 你 / 这 / 漂亮 // 便宜（疑问）/
你的项链很漂亮。便宜吗？

● **胖胖：** / 便宜 / 便宜。

● **瘦瘦：** / 钱 / 多少（疑问）/ 多少钱？

● **胖胖：** / 二十 / 二十块。

● **瘦瘦：** / 便宜 + / 这也太便宜了！

●•• ••• ••• ••• •••

（瘦瘦炫耀她的新包）

● **胖胖：** / 你 / 这 / 漂亮 // 贵（疑问）/ 你的包很漂亮。贵吗？

● **瘦瘦：** / 贵 +（肯定）/ 很贵！

● **胖胖：** / 钱 / 多少（疑问）/ 多少钱？

● **瘦瘦：** / 三万 / 三万。

● **胖胖：** / 三万 // 贵 + / 三万？！这也太贵了！

●•• ••• ••• ••• •••

（胖胖、瘦瘦吃面中）

● **瘦瘦：** /辣/这/辣/这面真辣。

● **胖胖：** /辣/一点点//可以//好吃/是有点辣，但还可以。好吃。

● **瘦瘦：** /你/牛//辣＋/你真厉害！我觉得很辣！

● ● ● 　 ● ● ● 　 ● ● ● 　 ● ● ● 　 ● ● ●

● **胖胖：** /今天/热＋/今天好热啊。

● **瘦瘦：** /还好//你/胖/我觉得还好啊。是你太胖了。

二、主题拓展

扫描二维码，观看拓展视频。

1. 表情表达疑问与肯定

贵吗？ vs 贵！　　　　　新鲜吗？ vs 新鲜！

便宜吗？ vs 便宜！　　　讨厌吗？ vs 讨厌！

帅吗？ vs 帅！　　　　　有趣吗？ vs 有趣！

漂亮吗？ vs 漂亮！　　　无聊吗？ vs 无聊！

香吗？ vs 香！

臭吗？ vs 臭！

2. 表情表达程度

漂亮　vs　非常漂亮！

丑　vs　非常丑！

便宜　vs　非常便宜！

贵　vs　非常贵！

开心　vs　非常开心！

难过　vs　非常难过！

疲惫　vs　非常疲惫！

活泼　vs　非常活泼！

三、聋文化轶事

看懂我的表情

　　健听人在学习手语的时候往往只关注手要怎么动，而忽视了"脸"要怎么办。

　　手语可是一门非常在乎"脸面"的语言。脸部表情具有重要的构词和句法功能。很多手语词都是伴随着表情的，比如打"美""丑""喜欢""讨厌"这些词的时候，除了手型、位置和运动方式，还需要伴随着表情，不然这些词的含义就会变得模糊，聋人也容易看得一头雾水。

　　表情体态也是手语问句的重要组成部分，手语中可以通过睁圆的眼睛、挑起的眉毛、前倾的头部等来表达疑问。例如，"去吗?"和"去吧!"的区别就在表情体态。手语里的表情就好像是我们口语说话的语调，可以表达兴奋、激动、傲慢、羡慕、嫉妒、害怕等情绪以及情感的不同强度。

　　中国传统文化中经常强调喜怒不形于色，而手语却需要"喜怒皆形于色，好恶均言于表"。因此，学习手语的过程也可以是一个自我释放的过程呢。很多人学了手语后，从"I"人变成"E"人，变得更加开朗，也更愿意表达自己了！

第四单元

我比你好看

一、趣味对话

1. 词汇与短语

扫描二维码，
观看词汇和短语视频。

我比你年轻　　　她比我年轻

几岁　富有　几层楼　农村

比（过）

年轻

几岁

2. 情景呈现

扫描二维码，观看对话视频。
看看胖胖和瘦瘦在聊啥，对照文本学习对话。

● **胖胖：** / 我 / 耳钉 / 好看 / 你的（耳钉）/ 没有 / 比过（→你）/
我的耳钉比你的好看。

● **瘦瘦：** / 我 / 项链 / 好看 / 比过（→你）/
我的项链比你的好看！

● ● ●　● ● ●　● ● ●　● ● ●　● ● ●

● **瘦瘦：** / 我 / 漂亮 / 比过（→你）/ 我比你漂亮。

● **胖胖：** / 我 / 胖 / 比过（→你）/ 我比你胖呢。

● ● ●　● ● ●　● ● ●　● ● ●　● ● ●

● **胖胖：** / 你 / 年龄 / 多少 / 你多大？

● **瘦瘦：** / 我 / 年龄 / 25 / 我 25 岁。

● **胖胖：** / 我 / 30 // 多 / 人 / 告诉（→我）/ 年轻 / 比过（→你）/
我 30 多岁，可很多人说我比你年轻，耶！

· **36** ·

- **胖胖：** ／我／家／富／比过（→你）／我家比你家有钱。

- **瘦瘦：** ／我／家／大／比过（→你）／几层楼／
  我家比你家大，有好几层楼呢。

- **胖胖：** ／农村／可惜你家在农村。

- **瘦瘦：** ／（冷哼）／哼！

扫描二维码，观看拓展视频。

比一比

- 我比她高。
- 他比我壮。
- 你头发比我的长。
- 她皮肤比我白。
- 她比以前漂亮多了。
- 这个孩子比以前懂事多了。

三、聋文化轶事

导聋犬

你没看错吧？是导**聋**犬哦，不是导**盲**犬！

很多人都知道给盲人带路的导盲犬，但鲜有人知道其实还有一种工作犬是专门给聋人朋友提供便利的，这就是导聋犬。它们扮演着聋人朋友"小耳朵"的角色。

优秀的导聋犬对声音极其敏感，能分辨生活中的各种日常声音，比如敲门声、火灾警报声、婴儿啼哭声等。合格的导聋犬能对紧急声音做出迅速反应，当主人发生危险时，它们甚至还能帮忙叫人来救出主人。

图片中这只可爱的柯基就是一位聋人朋友的导聋犬，名叫"十三"。据主人介绍，十三听到门铃响或者听到有人在

敲门时，就会到门边来回跑，提醒主人有人来了。家里电话铃响了而主人无动于衷时，十三也会主动将主人带到电话旁，提醒主人有电话来了。

　　导聋犬对于独居的聋人来说还能扮演陪伴犬的角色，成为聋人生活中的得力助手、亲密伙伴和温暖的家人。

第五单元

啤酒要配烧烤

1. 词汇与短语

扫描二维码，
观看词汇和短语视频。

奶茶　　珍珠奶茶　　黑糖奶茶　　我请你

你请我　　热　　冰　　半糖　　无糖

不会发胖　自我安慰　足球世界杯　啤酒

啤酒肚很丑　红酒　对皮肤好　不合适

合适　　鸡翅　　烧烤

世界杯

烧烤

合适

2. 情景呈现

扫描二维码，观看对话视频。
看看胖胖和瘦瘦在聊啥，对照文本学习对话。

● **瘦瘦：** / 我 / 去 / 买 / 奶茶 // 我 / 请客 /
我去买奶茶，我请客。

● **胖胖：** / OK / 好！

● **瘦瘦：** / 你 / 想 / 喝 / 什么 / 你想喝什么？

● **胖胖：** / 珍珠 / 奶茶 // 你（疑问）/ 珍珠奶茶，你呢？

● **瘦瘦：** / 我 / 点 / 黑糖 / 奶茶 // 你 / 热 / 冰（疑问）/
我点黑糖奶茶，你要热的还是冰的？

● **胖胖：** / 热 / 要热的。

● **瘦瘦：** / OK / 糖 / 多少（疑问）/ 好的，糖度？

● **胖胖：** / 半 / 糖 / 半 / 半糖。

● **瘦瘦：** / 不好 // 我 / 点 / 糖 / 无 // 胖 / 不会 /
不好，我点无糖的，不会发胖。

● **胖胖：** / 糖 / 有 / 没有 / 一样 // 胖 / 会 / 哼，不管有没有糖，都会发胖的！

● **瘦瘦：** / 不可能 / 不可能吧。

● **胖胖：** / 你 / 安慰 / 自己 / 你就自我安慰吧。

●**瘦瘦：** /去/看/足球/世界杯/走/ 咱们一起去看世界杯球赛吧。

●**胖胖：** /晚上/喝（疑问）/ 晚上喝点东西？

●**瘦瘦：** /喝/什么/ 喝什么？

●**胖胖：** /啤酒（疑问）/ 啤酒吧？

●**瘦瘦：** /不/喝＋/肚子大/丑//不/
喝啤酒会有啤酒肚，不好看，不喝。

●**胖胖：** /你/喝/什么（疑问）/ 那你喝什么？

●**瘦瘦：** /红酒/好/皮肤/好/ 喝红酒，对皮肤好。

●**胖胖：** /看/足球世界杯/喝/红酒/不合适//啤酒/好/鸡翅/烧烤
/干杯//啤酒/
看足球世界杯喝红酒根本就不搭啊，应该啤酒配鸡翅和烧烤，
喝啤酒才行啊！

●**瘦瘦：** /好/吧/ 好吧。

扫描二维码，观看拓展视频。

吃吃喝喝

饮料	
茶	可乐
奶茶	雪碧
咖啡	橙汁
冰水	西瓜汁

酒类	
啤酒	冰
红酒	常温
白酒	热
鸡尾酒	

肉类

猪	鸡
牛	鸭
羊	鹅

水果

香蕉	橙子
苹果	西瓜

海鲜类

鱼	花蛤
虾	海蛎
螃蟹	章鱼

主食

米饭	米粉
面条	饺子
粥	

蔬菜

青菜	青椒
小白菜	土豆
菠菜	胡萝卜
花菜	

三、聋文化轶事

聚会不散场

聋人朋友非常爱聚会，这是因为很多聋人平时生活在一种隐形隔绝的世界里，就好像是困在隐形玻璃罩里的人。他们看着和大家一样，但又被隔开了。海伦·凯勒有一句名言："盲隔离了人与物，聋隔离了人与人。"这句话道出了聋人在家庭和社会中面临的生存状态。

通常，聋人在自己家中、在学校或者在工作单位都是唯一的一位聋人，身边很少有人懂手语，他们只能费力地学习发声说话，练习看别人的口型猜测意思，勉强和周围听人进行最基本、最必要的沟通。

当聋人和自己的聋人朋友聚在一起时，他们才能放飞自我，尽情交流情感，分享信息，倾诉苦闷。围坐在一张桌旁的聋人，常常可以同步展开多个对话，仿佛一张餐桌上有多个纵横交错的火力交叉点，且互不干扰！

聋人朋友一聚在一起就经常聊到餐厅打烊、店铺关门还迟迟不舍得离开。有时一群人挪到门外的路灯下还可以继续聊到深夜！

难怪有人开玩笑说：聋人不仅爱参加婚礼，也喜欢参加葬礼呢！毕竟和自己的聋人朋友聚会一次不容易。

第六单元

衣服哪里买的

一、趣味对话

1. 词汇与短语

扫描二维码,
观看词汇和短语视频。

专业　电脑设计　毕业　找工作难

怎么认识的　　网络游戏　　恋爱多久

结婚　　差不多两年　　　　上海

网上买的　　链接给我

专业

设计

找工作

2. 情景呈现

扫描二维码，观看对话视频。
看看胖胖和瘦瘦在聊啥，对照文本学习对话。

●**胖胖：** / 你 / 学 / 专业 / 什么 / 你学什么专业？

●**瘦瘦：** / 我 / 学 / 专业 / 电脑 / 设计 / 我学的专业是电脑设计。

●**胖胖：** / 你 / 毕业 / 完 / 找 / 工作 / 容易（疑问）/
你毕业后好找工作吗？

●**瘦瘦：** / 有点 / 难 / 有点难。

●**瘦瘦：** / 你 / 他 / 老公 / 怎么 / 认识（疑问）/ 你和你老公怎么认识的？

●**胖胖：** / 我 / 以前 / 我 / 老公 / 认识 / 是 / 网上 / 游戏 / 认识 / 完成 /
我和我老公是以前网上游戏时认识的。

●**瘦瘦：** / 恋爱 / 多久 / 结婚 / 谈恋爱多久结婚的？

●**胖胖：** / 差不多 / 两年 / 差不多两年。

●**胖胖**： /你/毕业/后/想/去/哪里/工作（疑问）/
你毕业后想去哪里工作？

●**瘦瘦**： /我/想/去/上海/找/工作/我想去上海找工作。

●**胖胖** ●**瘦瘦**： /（加油）/加油！

●**瘦瘦**： /今天/漂亮/你今天穿得真漂亮。

●**胖胖**： /谢谢/谢谢。

●**瘦瘦**： /钱/多少（疑问）/多少钱？

●**胖胖**： /40/40元。

●**瘦瘦**： /便宜//你/在/哪里/买（疑问）/这么便宜！在哪里买的？

●**胖胖**： /上网/买/网上买的。

●**瘦瘦**： /链接/（→我）/链接发给我。

●**胖胖**： /OK/好。

二、主题拓展

扫描二维码，观看拓展视频。

提问

- 他 / 她生日喜欢吃什么？不喜欢吃什么？
- 你专业是什么？你喜欢自己的专业吗？
- 你毕业后继续读研，还是找工作？
- 你未来结婚后想生几个孩子？
- 你老家哪里？
- 你放假想去哪里旅游？
- 你在厦门生活多少年了？

- 你喜欢海鲜火锅还是牛肉火锅？

- 你和你室友周末喜欢做什么？

- 你喜欢喝咖啡还是奶茶？

- 你喜欢手语吗？你会继续学手语吗？

三、聋文化轶事

餐桌上的尴尬

聋人朋友小李讲述自己在十八岁生日当天做过的一件让全家人错愕不已的事情：他掀翻了生日聚会的大餐桌！这究竟是为什么呢？

从儿时记事起，每当一大家子亲戚朋友欢聚一堂、有说有笑的时候，小李就特别着急，不时问家人："你们在聊什么？你们在笑什么？"而大人们总是敷衍他说："和你没关系，等你长大了就知道了。"于是他只好按捺住内心的好奇和冲动，忍受着每次家庭聚会被屏蔽在一旁的孤独和无聊，等待自己长大的那一天。

他的十八岁生日终于到了。这一天又是一大家子亲戚聚会，又是欢声笑语、杯盏交错，仍然只有他一个人不明白大家在聊什么、在笑什么，也依然没有任何人给他解释正在发生的一切。而他已经十八岁了，已经是大人了，应该得到大家的尊重了！于是他忍无可忍，站起来掀翻了餐桌……

这正是许许多多聋人面临的社交困境。国外对这种现象有个专门的术语，叫"餐桌综合征"（Dinner-Table Syndrome）。面临这一困境的绝不仅仅是小李一人，还有许许多多国内国外的聋人。

那么我们健听人可以做些什么来减少或者避免聋人朋友在餐桌上的这种社交困境和尴尬呢？

首先，聋人朋友的健听家人们：**请学点手语吧！**不然你们都不知道错过了多少和自己的聋人家人亲密沟通的美好时光。主编曾采访过美国马萨诸塞州的一对夫妇，他们三个孩子中有一个聋人，于是从孩子的婴儿时期开始，父母、兄弟姐妹、堂表兄妹、叔伯阿姨甚至爷爷奶奶都开始学习手语，家里充满了手语氛围，聋孩从小就没感觉被冷落、被隔绝。

其次，我们大多数其他的健听人，作为聋人的朋友、同事、学生、老师、街坊邻居、客户、老板，我们也都可以学一点点手语，让他们感受到被尊重、被接纳。

曾经有一篇报道介绍，纽约附近的一个小镇上有个聋人宝宝出生后，镇上立刻有许多人去报名学习手语，只为了让这个聋人宝宝在成长过程中，能遇到更多懂她的人。

如果我们聚餐时有一位聋人在，即使是两位听人之间的聊天也最好能带上手势，或者能不时停下来，给聋人朋友翻译一下大家交谈的大致内容，让他／她不会感觉到被排斥在谈话之外。

　　事实上，这就像你带一位不懂中文的老外参加朋友聚会，你同样需要不时地给他／她解释餐桌上交谈的大致内容。这样的餐桌文明礼仪，让我们大家一起来遵守吧！

第七单元

我没房没车
没存款

一、趣味对话

1. 词汇与短语

扫描二维码，
观看词汇和短语视频。

昨天　　冰箱　　没菜　　没米

没肉　　什么都没有　　作业还没写

没吃过牛肉火锅　　没房没存款

嫁给我　　有一颗爱你的心

昨天

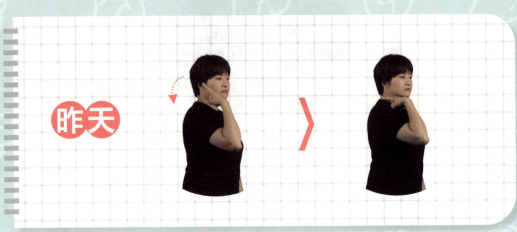

菜

火锅①

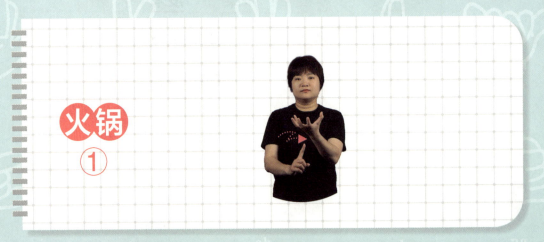

火锅②

存款

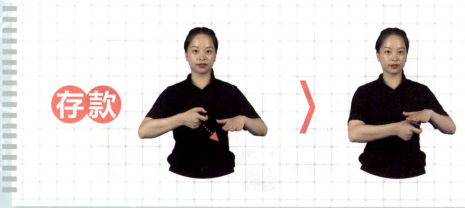

爱

2. 情景呈现

扫描二维码，观看对话视频。
看看胖胖和瘦瘦在聊啥，对照文本学习对话。

●**瘦瘦：** / 我 / 昨天 / 到 / 家 // 开 / 冰箱
// 菜 / 没有 / 米 / 没有 / 肉 / 没有 / 全部 / 没有
// 我们 / 去 / 外面 / 吃饭 /
我昨天到家打开冰箱，发现冰箱里没菜没米没肉，什么都没有。
我们去外面吃饭吧。

●**胖胖：** / OK / 好!

● ● ● ● ● ● ● ● ● ● ● ● ●

●**胖胖：** / 你 / 作业 / 写 / 完（疑问）/ 你作业写完了吗?

●**瘦瘦：** / 我 / 作业 / 写 / 没有 / 我作业还没写。

● ● ● ● ● ● ● ● ● ● ● ● ●

●**胖胖：** / 牛肉 / 火锅 / 吃过（疑问）/ 你吃过牛肉火锅吗?

●**瘦瘦：** / 牛肉 / 火锅 / 我 / 吃 / 没有 / 我没吃过牛肉火锅。

● ● ● ● ● ● ● ● ● ● ●

●**胖胖：** / 我 / 房子 / 没有 / 车 / 没有 / 存款 / 没有 // 你 / 嫁（→我）（疑问）/
我没房没车没存款，你愿意嫁给我吗？

●**瘦瘦：** /（放一边）/ 你 / 有 / 什么（疑问）/
这些先不谈，那你有什么呢？

●**胖胖：** / 我 / 有 / 心 / 爱 / 你 / 我有一颗爱你的心哦。

●**瘦瘦：** / 可以 / 呃，可以吧。

二、主题拓展

扫描二维码,观看拓展视频。

1. 疑问和否定

● 你去看病了吗? ○ 我没去看病。

● 你作业做完了吗? ○ 还没做完,作业太多。

● 你玩过跳伞吗? ○ 我没玩过跳伞。

● 你玩过冲浪吗? ○ 我没玩过冲浪。

● 你玩过蹦极吗? ○ 我没玩过蹦极。

● 你玩过滑雪吗? ○ 有!我玩过!

2. 不会！

● 你会开车吗？　　　○ 我不会开车，你呢？

● 我也不会。

● 你会拍领导的马屁吗？　　○ 我不会拍马屁，你呢？

● 我也不会。

● 你朋友会手语吗？　　○ 他不会。

● 你爸妈会手语吗？　　○ 我爸妈不会。

3. 不行！不能！！禁止！！！

● 海边不能游泳。

● 公共场所禁止吸烟。

● 开车不能喝酒。

● 能边开车边（手语）聊天吗？　　○ 不可以！

三、聋文化轶事

聋人也去音乐会?

可能很多人会觉得不可思议, 聋人不是听不见吗, 怎么还可以去听音乐会?

是的, 如果有手语翻译, 聋人是可以非常享受音乐会和剧场的。主编第一次在美国看到手语翻译, 就是在华盛顿的一场音乐会上。当时现场的手语译员随着音乐摆动, 每一句歌词对应的面部表情、手部动作和身体摆动都完全融入音乐的韵律中, 看着十分震撼人心! 现场的聋人观众都津津有味地享受着音乐会, 他们的身体也跟随着音乐的节奏摇摆, 这真是非常美好的画面!

在美国的音乐剧剧场, 只要有聋人观众买了票并提出了无障碍观剧要求, 剧场一般都会安排至少 2 名手语译员站在

或者坐在舞台侧前方的位置。译员分配好角色，通过手语和自己身体的律动，呈现舞台上的对白、唱词、节奏、情绪。译员的手语演绎和舞台上的演员表演融为一体，给聋人观众带来美好的观剧体验。

有了手语翻译的协助，聋人也可以欣赏音乐和戏剧。近几年在国内，上海等地也有团队为音乐会、音乐剧提供手语翻译服务，让聋人朋友可以无障碍地走进剧场，享受艺术带来的精神愉悦！

2025 蛇年春晚首次推出了整台晚会的手语转播，可谓创造了无障碍文化艺术活动的历史！聋听译员／演员合作把晚会的每一个节目（包括歌曲、戏曲、嘻哈以及相声小品）都精准地用手语演绎出来，节目受到了全国聋人和手语圈朋友们的热烈追捧和高度评价！

第八单元

你怎么去上班

一、趣味对话

1. 词汇与短语

扫描二维码，
观看词汇和短语视频。

每天	**远**	**怎么去上班**	**摩托车**
地铁	**转公交车**	**1 小时 40 分钟**	
有时加班	**经常**	**的士**	**开车**

每天

远

地铁①　地铁②

2. 情景呈现

扫描二维码，观看对话视频。
看看胖胖和瘦瘦在聊啥，对照文本学习对话。

● **胖胖**：/ 你 / 每天 / 去上班 // 你 / 家 / 远 // 你 / 怎么 / 去 / 上班（疑问）/
你每天去上班，你家住那么远，怎么去啊？

● **瘦瘦**：/ 我 / 家 / 摩托车 / 有 / 骑车 / 到 / 地铁 / 坐地铁 / 到 // 转换 / 公交车 / 到 // 六百米 / 走 / 到 / 工作 /
我家有摩托车，先骑车到地铁站，坐地铁，到了以后转公交车。下车后走六百米就到工作的地方。

● **胖胖**：/ 远 / 可真远啊。

● **瘦瘦**：/ 全部 / 1 小时 40 分钟 / 一共要花 1 小时 40 分钟。

● **胖胖**：/ 你 / 晚上 / 有时 / 加班 // 晚上 / 11 点 / 12 点 / 公交车 / 没有 // 地铁 / 没有 // 怎么办（疑问）/
你晚上有时加班，晚上十一二点公交车没了，地铁也没了，你怎么办？

● **瘦瘦**：/ 我 / 经常 / 的士 / 我经常打的。

● **胖胖**：/ 的士 / 不 / 安全 / 的士不安全。

● **瘦瘦**：/ 我 / 有时 / 叫 / 男朋友 / 开车 / 送（→我）/ 回家 /
我有时叫男朋友开车送我回家。

● **胖胖**：/ 好 / 这样好！

二、主题拓展

扫描二维码，观看拓展视频。

交通工具

长途交通	市内交通
飞机	公交车
邮轮	地铁
火车	共享单车
动车	的士
高铁	网约车
大巴	自驾车
	摩托车
	自行车
	BRT（快速公交）

三、聋文化轶事

聋人开车

聋人能开车吗？很多人的第一反应可能是：不能吧？

其实不然，聋人完全有能力开车，也可以考驾照！目前国内一些主要城市都接受聋人考驾照，因此很多聋人朋友都持有驾照，且驾驶技术非常娴熟。

其实，在了解聋人之后你会发现，聋人司机在驾驶过程中有自己独特的优势。他们对视觉信息特别敏感，视幅也比一般健听人更宽广，可以从眼角捕捉到很多听人司机也许容易忽略的视觉信息。因此，聋人司机开车和听人司机开车一样安全，或者说一样危险，哈哈！

也许大家还会纳闷：那聋人开车时能聊天吗？他们的手要把控方向盘，应该没法打手语聊天吧？其实坐过聋人朋友车的人就知道，聋人司机开车时也能聊天的，有的司机会一手握方向盘，一手打手语。虽然打手语经常需要两只手配合，但是熟悉的朋友之间仅用单手也是互相能看得懂的。

不习惯的听人朋友可能刚开始不敢坐聋人开的车，但是并没有任何数据表明聋人司机开车的安全性不如听人司机。

当然，不管是聋人司机还是听人司机，开车时都应该遵守交通规则，谨慎驾驶，毕竟安全第一嘛！

第九单元

简直判若两人

1. 词汇与短语

扫描二维码，
观看词汇和短语视频。

遇到同学　整容　自卑　化妆打扮

现在变了　　气质　　自信　　大方

世界上没有丑女人，只有懒女人

碰见你老公　　敷衍　　胡子拉碴

人字拖　　追我的时候　　精心打扮

婚前婚后　　管好老公　　帮他打扮

没用

碰见

自卑

自信

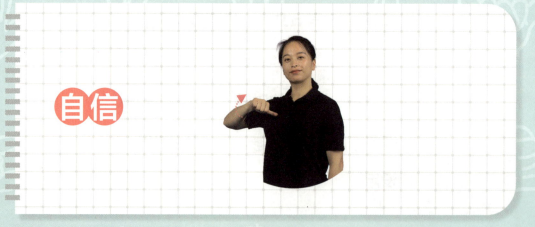

2. 情景呈现

扫描二维码，观看对话视频。
看看胖胖和瘦瘦在聊啥，对照文本学习对话。

●瘦瘦： / 我 / 昨天 / 遇到 / 同学 / 漂亮 /
我昨天碰见我同学，她变得太漂亮了！

●胖胖： / 整容（疑问）/ 她去整容了吗？

●瘦瘦： / 不是 // 她 / 以前 / 自卑 / 手语（畏缩在胸前）// 丑 / 打扮 / 不会 /
没有。她以前很自卑，打手语时畏畏缩缩，长得不好看，也不
会打扮自己。

●胖胖： / 现在 / 变了（疑问）// 漂亮（疑问）/ 她现在变了？变漂亮了？

●瘦瘦： / 现在 / 看（她）/ 好 / 化妆 / 会 / 好 / 打扮 / 好 // 气质 / 好 //
自信 / 大方 /
现在看她变得很会化妆，也很会打扮自己，气质变好了，又自
信又大方。

●胖胖： / 世界 / 上 / 丑女人 / 没有 // 只有 / 什么 / 懒 /
世界上没有丑女人，只有懒女人。

●瘦瘦： / 是 / 是的。

● **瘦瘦:**　/ 我 / 昨天 / 碰 / 你 / 老公 / 我 / 看 / 有点 / 变 /
我昨天碰见你老公，我看他有点……变了。

● **胖胖:**　/ 是 / 现在 / 敷衍 / 头发乱 / 长胡子 / 人字拖 / 走 /
是啊！他现在完全不修边幅，头发乱七八糟，胡子拉碴，穿着
人字拖到处走。

● **瘦瘦:**　/ 我 / 记得 / 以前 / 我 / 见 / 帅 /
我记得以前见过他，长得很帅的呀。

● **胖胖:**　/ 是 / 以前 / 年轻 / 追（→我）/ 时 / 打扮 / 干净 / 整齐
// 现在（叹气）/
是啊！他年轻时追我的时候，打扮得可光鲜亮丽。现在，唉！

● **瘦瘦:**　/ 结婚 / 前 / 整齐 / 结婚 / 后 / 敷衍 /
婚前精心打扮，婚后就邋里邋遢？

● **胖胖:**　/ 是 / 是！

● **瘦瘦:**　/ 不 / 我 / 以后 / 我 / 会 / 管 / 他 / 打扮 /
我不要，我以后会管我老公，给他好好打扮。

● **胖胖:**　/ 没用 / 没用的。

二、主题拓展

扫描二维码，观看拓展视频。

反义词

多	vs	少
重	vs	轻
大	vs	小
美	vs	丑
反对	vs	支持
认真	vs	马虎
快	vs	慢
善	vs	恶
节俭	vs	浪费

富　vs　穷

聪明　vs　笨

赢　vs　输

新　vs　旧

高端 / 高级 / 优秀　vs　低端 / 低级 / 差劲

优点　vs　缺点

懂事　vs　不懂事

自信　vs　自卑

高手　vs　菜鸟

三、聋文化轶事

家有聋人

国外手语研究界有一个缩写词 PDF（people from deaf families），指的是聋人的家人们，比如聋人父母的孩子、聋孩子的父母、聋人的配偶或者兄弟姐妹等。很多聋人的健听家人不一定会学习手语，他们和家中的聋人以看口型或者写字沟通。而学了手语的家人，会成为聋人和外界沟通的主要桥梁。

在聋人的家人群体中，受关注和研究最多的就是聋人父母生的孩子，英文术语是 CODA（children of deaf adults）。2022 年奥斯卡最佳影片 CODA（中译名《健听女孩》），讲述的就是一个聋人家庭的 CODA 的故事。这一家人中父母和哥哥都是聋人，妹妹是唯一的健听人。这部奥斯卡最佳影片让 CODA 这个独特的群体进入了大众的视野。

跟着聋人父母生活的 CODA 多数都会手语，因为他们从小看着父母打手语，自然就习得了这门语言。有的 CODA 从两三岁会说话就开始帮助父母和外界进行基本的沟通；有的 CODA 四岁就陪妈妈去医院看病，为医生和妈妈做翻译；有的 CODA 上学的时候特别害怕家长会，因为老师要告自己的状，自己还得亲自把老师的批评转述给父母……

CODA 们从小就承担起超越自己年龄的家庭责任和负担，所以他们往往会比同龄人早熟，也通常更加独立坚强。

第十单元

最近比较烦

一、趣味对话

1. 词汇与短语

扫描二维码，
观看词汇和短语视频。

最近	烦	滑板	身体好

作业扔一边不管　　没关系　　管

为你好啊　　不安全　　啰嗦

跟我妈一个样

烦

滑板① **滑板②**

作业

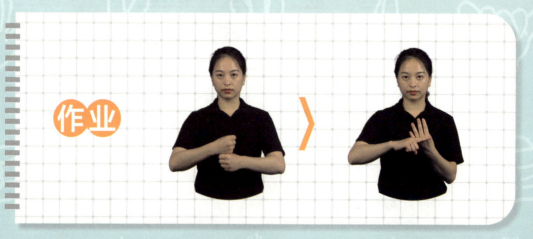

啰嗦

最近

身体

 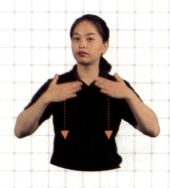

2. 情景呈现

扫描二维码，观看对话视频。
看看胖胖和瘦瘦在聊啥，对照文本学习对话。

●**胖胖**： /我/最近/烦＋/ 我最近比较烦。

●**瘦瘦**： /烦/什么（疑问）/ 你烦什么？

●**胖胖**： /我/女儿/喜欢/滑板/ 我女儿喜欢滑板。

●**瘦瘦**： /好/对/身体/好/ 很好，对身体好。

●**胖胖**： /她/作业/扔/不管/ 她不做作业啊。

●**瘦瘦**： /小孩/喜欢/玩//没关系/ 小孩喜欢玩，没关系。

●**瘦瘦**： /我/妈妈/管＋/我//烦/ 我妈老管着我，太烦了！

●**胖胖**： /为什么（疑问）/ 为什么？

●**瘦瘦**： /妈妈/告诉（我）/你/晚上/回来/早点/回来/
她老是啰嗦要我晚上早点回来。

●**胖胖**： /为/你/好/ 为了你好啊。

●**瘦瘦：** / 我 / 年龄 / 30 // 不是 / 年龄 / 13 /
我都 30 岁了，又不是 13 岁。

●**胖胖：** / 一样 // 女孩 / 晚 / 回家 / 不好 // 不安全 /
都一样啊，女孩太晚回家不好，不安全。

●**瘦瘦：** / 你 / 啰嗦 // 你 / 像 / 妈妈 / 一样 // 我 / 烦 /
你真啰嗦，跟我妈一个样！真烦。

扫描二维码，观看拓展视频。

抒发烦恼

- 我妈妈最近天天打麻将，不做饭，太烦了！
- 女儿迷上游戏，怎么办啊？
- 老公最近失业了，真麻烦！
- 男朋友最近不理我了，我很伤心。
- 最近考试很多，我太焦虑了！
- 工作太难找了，她都抑郁了！
- 孩子晚上10点还没回家，父母担心极了！
- 闺密失恋了，每天茶饭不思。

● 她老公每天出去喝酒，家里不管，她非常生气。

● 现在年轻人都怎么了，每天上网，见面也不能

好好聊天，像什么话？

三、聋文化轶事

我嫁给了听人

这是一位聋人朋友的讲述：

我和老公是在网上认识的。我们第一次见面约在咖啡厅，虽然只能用手机打字沟通，但彼此都对对方抱有好感，于是决定继续交往。

我们聋人和不会手语的听人在一起沟通是很费劲的，我听不到也不会说话，与人交流只能用纸笔写字或者用手机打字，很费时间，听人也很容易不耐烦。

我和老公认识后，他学了一些手语。两年后，我们结婚了。

每当我们在公共场所打手语时，总会有人回头看我们，老公便不愿意再在公众场合打手语了，因为他不习惯被别人用好奇的眼光上下打量。这一点让我很不开心。他明明知道我是聋人，我都不怕别人如何看我，他为什么要顾虑？我的家人劝我多给他点时间来适应。他平时对我很好，只有在公共场所他有点不一样。

后来我怀孕了。有一次，我们在电梯里，他突然主动向我打手语，周围人都回头看着我们，可他像没发现似的一点儿也不在乎，继续和我比划！我大吃一惊，问他为什么突然改变态度了？他说都要当爸爸了，怕什么！

结婚后很长时间，我仍然担心他的家人会嫌弃我不能说话，沟通不方便。直到孩子五岁了，我才第一次登门去北方的婆家。我非常忐忑！但是我的公婆看我人挺好，我和我老公沟通完全没障碍，就彻底认可我了。

更有意思的是，在老公的哥哥家做客时，我担心我老公和孩子会不会因我是聋人被家人嘲笑，没想到我老公的哥哥说："怎么会呢，我还担心你嫌弃我们是小地方的人呢。"我顿时觉得释然了。

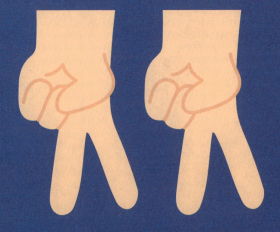

第十一单元

我陪你逛

一、趣味对话

1.词汇与短语

扫描二维码，
观看词汇和短语视频。

AA 制	坏	陪你逛街
快点回家	送我回家	不会开车
邀请我去讲课	看时间	下周六

送

回家
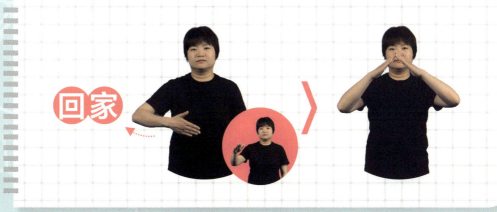

邀请

2. 情景呈现

扫描二维码，观看对话视频。
看看胖胖和瘦瘦在聊啥，对照文本学习对话。

● **胖胖**：/ 今天 / 晚上 / 吃饭 / 请客（→我）// 之前 / 上次 / 请客（→你）/ 过 /
今晚吃饭得你请客了，上次是我请的。

● **瘦瘦**：/ 不 ++ // 以前 / 上次 / 平均 / 不对，上次是 AA 制！

● **胖胖**：/ 不 // 以前 / 上次 / 请客（→你）/ 我 / 不对，上次是我请你的！

● **瘦瘦**：/ 不 + / 不是。

● **胖胖**：/ 坏 / 这人不行！

● ● ●　　● ● ●　　● ● ●　　● ● ●　　● ● ●

● **瘦瘦**：/ 你 / 老公 / 陪 / 你 / 逛街（疑问）/ 你老公陪你逛街吗？

● **胖胖**：/ 他 / 陪 / 我 / 不喜欢 + // 手表 / 快 / 手表 / 快 / 回家 + / 手表
// 我 / 不 / 高兴 /
他不喜欢陪我逛街，总说注意时间，快点回家，很扫兴。

● **瘦瘦**：/ 我 / 陪 / 你 / 我陪你逛。

● **胖胖**：/ OK / 好！

●瘦瘦：/ 肖老师 / 想 / 邀请 / 我 / 去 / 她 / 学校 / 讲课 /
　　　　肖老师想邀请我去她学校讲课。

●胖胖：/ 好 // 我 / 想 / 邀请（你）/ 来 / 我 / 学校 / 讲课 // 可以（疑问）/
　　　　哇，厉害！我也想邀请你来我学校讲课，可以吗？

●瘦瘦：/ 看 / 时间 / 看看时间吧。

●胖胖：/ 周六 / 下 / 周六（疑问）/ 周六，下周六行吗？

●瘦瘦：/ OK / 好。

扫描二维码，观看拓展视频。

动词的方向

帮助	vs	被帮助
建议	vs	被建议
陪伴	vs	被陪伴
送给（别人）	vs	送给（我）
追	vs	被追
邀请	vs	被邀请
教（别人）	vs	教（我）
卖	vs	买
请客	vs	被请
拍摄	vs	被拍
看	vs	被看

● 我拍自己打手语时，很多人都转头看我，让我很不好意思。

● 我眼睛追着帅哥看。

● 我多次帮助朋友，我找他帮忙，他不帮助我。

● 我男友养我，是可以的，要我养男友？我才不干！

三、聋文化轶事

我家有个小 CODA

这是一位聋人妈妈的讲述：

我女儿是个小 CODA。八个月的时候她就已经会好几个手语词了，比如"要""吃""鸡蛋"等。到三岁时，她已经完全可以用手语和我交流了。我一直担心她上学后会因为有个聋人妈妈而被其他小朋友嘲笑甚至欺负，也担心她和身边的健听朋友相处会有自卑感。

她上学后，我担心的事情并没有发生！时代真的是变了，她同学的父母看到我是聋人，都对我非常友好，完全不会嘲笑我们，也不会看不起我们或者对我们敬而远之。有一次我去接女儿放学，看到女儿正和一个小男孩玩耍。小男孩见我不会说话，就问我女儿："你妈妈为什么听不见？"女儿告诉他说我小时候发烧打针，后来就听不见了。小男孩跟我女儿学了一句手语，跑到我面前比划"你好"，而我女儿也因为自己可以教小朋友手语而露出了自豪的表情，这让我觉得特别欣慰。

女儿八岁的时候，有一回我们一起坐公交车。我正打着手语和她聊天，女儿突然叫我不要打手语了，因为她发现很多人都在用奇怪的目光看着我们，这让她觉得很不自在。我和她打手语说："我就是聋人啊，不用手语怎么交流呢？手语是我的语言，这又不丢人。这些乘客可能是从没见过手语才

会这样好奇看着我们，我们自己不在意就好。"

　　后来，孩子的爸爸（是健听人）也跟她讲了这个道理，女儿想明白了。她在公共场所不再介意用手语和我聊天了。

　　平时，我和女儿出门在外都需要她来负责沟通，比如由她来告诉司机我们打车的目的地，买东西时她来负责和服务员问价结账。我听不到别人说了什么，贴心的女儿就会主动帮忙翻译。每一次我看着她小小的身影，一边和他人交流，一边要用稚嫩的小手打着手语告诉我对方都说了些什么，我都特别感动。

　　女儿是我连接这个世界的一个重要桥梁！

第十二单元

明天几点的
飞机

1. 词汇与短语

扫描二维码，
观看词汇和短语视频。

走几分钟	咖啡厅	5 分钟
坐公交车 20 分钟到		几小时
明天几点	起飞	玩几天
三天		

咖啡厅

1小时

明天

2. 情景呈现

扫描二维码，观看对话视频。
看看胖胖和瘦瘦在聊啥，对照文本学习对话。

● **瘦瘦：** / 走 / 到 / 咖啡厅 / 几分钟（疑问）/ 去咖啡厅要走几分钟？

● **胖胖：** / 走 / 那 / 5 分钟 / 到 / 走 5 分钟到。

● **瘦瘦：** / 谢谢 / 谢谢。

··· ··· ··· ··· ···

● **瘦瘦：** / 走 / 到 / 火锅店 / 几分钟（疑问）/ 去火锅店要走几分钟？

● **胖胖：** / 远 // 1 小时 / 到 // 坐公交车 / 20 分钟 / 到 /
远！1 小时到。坐公交车 20 分钟到。

● **瘦瘦：** / OK / 好。

··· ··· ··· ··· ···

● **瘦瘦：** / 你 / 明天 / 去 / 上海（疑问）/ 你明天去上海吗？

● **胖胖：** / 是 / 是的。

● **瘦瘦：** / 你 / 明天 / 几点 / 起飞（疑问）/ 明天几点起飞？

● **胖胖：** / 我 / 明天 / 2 点 / 起飞 / 明天 2 点起飞。

● **瘦瘦：** / 你 / 玩 / 几天（疑问）/ 你玩几天？

● **胖胖：** / 我 / 玩 / 三天 / 我玩三天。

二、主题拓展

扫描二维码，观看拓展视频。

时时刻刻

秒

1 秒　2 秒　3 秒

分钟

1 分钟　2 分钟　3 分钟　10 分钟

整点

1 点　2 点　3 点　10 点

小时

1 小时　2 小时　10 小时

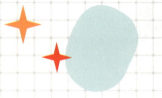

明天

后天

大后天

昨天

前天

大前天

一天

两天

三天

三、聋文化轶事

聋人旅行团

随着生活水平的提高，越来越多的聋人朋友开始走出家门，甚至走出国门，去看、去玩、去吃、去体验。

年轻一代的聋人大多喜欢自由行，他们会提前上网做好各项攻略，找好酒店，然后出发前往目的地。虽然很多信息聋人都可以自己上网获取，但是一旦出现意外情况，聋人旅行者还是面临更高的沟通成本。比如，如果聋人旅客不慎遇到误车的情况，需要到窗口去办理退票手续。但人工窗口前排队的一般都是急着赶路的人，窗口一般也没有手语翻译服务。沟通的过程可能很不顺利，如果沟通时间过长，还可能引起其他着急赶路的旅客的不满。

聋人朋友在外旅行如果遇到宰客、欺客或者遭遇抢夺事件时，由于沟通困难，也更难维护自己的权益。主编在法国巴黎就曾和几位中国聋人在地铁里遭遇了一次抢劫。几个混混抢了同行一位女聋人的小包就跑了。我们不得不去警察局报案。报案过程十分曲折，和巴黎警察的沟通比起听人更多了一重障碍。

上了年纪的聋人一般都喜欢报聋人组织的旅行团，跟着聋人导游或者会手语的听人导游去旅行。聋人导游有时还会帮着年纪大的聋人办理签证、填写各种表格等。聋人旅行团

里同行的一般也都是聋人，大家在一起交流舒畅，毫无障碍。到了各个景点，也有手语讲解，让他们能真正欣赏美景，欣赏名胜古迹。

　　越来越多聋人跟着聋人旅行团出国游，去体验异域的风土人情。一般到了国外，聋人导游会联系当地的聋人对接。路上遇到各种关卡需要沟通时，聋人导游也只能使用翻译软件打字和对方进行沟通。

第十三单元

摸得着头脑

一、趣味对话

1. 词汇与短语

扫描二维码，
观看词汇和短语视频。

邻居	从小到大	学习好
考上梦想大学	工资高	人生赢家
可惜	打麻将　不影响	上瘾
工作不认真	开除	笨

邻居

赚钱

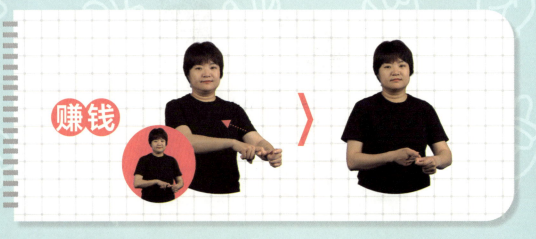

人生

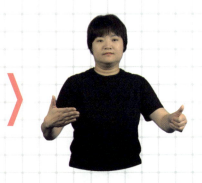

笨①　　笨②

梦想

2. 情景呈现

扫描二维码，观看对话视频。
看看胖胖和瘦瘦在聊啥，对照文本学习对话。

● **胖胖**：/ 我 / 邻居 / 小孩 / 从小到大 / 聪明 / 好 /
我邻居孩子从小到大很聪明，很棒。

● **瘦瘦**：/ 他 / 学习 / 好（疑问）/ 他学习好吗？

● **胖胖**：/ 好 // 他 / 考上 / 梦想 / 大学 /
很好！他考上了"梦校"。

● **瘦瘦**：/ 好 // 他 / 毕业 / 完 / 找 / 工作 / 稳定（疑问）/
厉害！那他毕业后找到稳定工作了吗？

● **胖胖**：/ 好 // 工作 / 赚钱 / 多 / 工作好，工资高。

● **瘦瘦**：/ 他 / 人生 / 赢 / 赞（感叹）/ 他可真是人生赢家。

● **胖胖**：/ 不 // 可惜 / 他 / 工作 / 后 / 爱 / 打麻将 / 爱 / 喝酒 + /
不是的，可惜他工作后爱上打麻将、酗酒。

● **瘦瘦**：/ 工作 / 好 // 影响 / 不 // OK / 他有好工作，不会影响啦。

● **胖胖**：/ 他 / 打麻将 / 上瘾 // 工作 / 马虎 / 开除 /
唉，他打麻将上瘾了，工作不认真，被开除了。

● **瘦瘦**：/ 可惜 // 我 / 觉得 / 他 / 聪明 / 不是 / 真可惜！我觉得他不是聪明。

● **胖胖**● **瘦瘦**：/ 笨 / 是笨！

二、主题拓展

扫描二维码，观看拓展视频。

1. 脑门位置相关表达

聪明

笨

懂事

幸运

不幸

忘记

记住

2. 太阳穴位置相关表达

梦想

希望

明白

不知道 / 不明白 / 不会

意识到

长知识

反应快

反应慢

三、聋文化轶事

聋人上大学

目前国内的聋人上大学主要途径有两种：一是普通高考，二是单独招考。

2017 年，教育部和中国残联联合印发《残疾人参加普通高等学校招生全国统一考试管理规定》之后，听障考生可以申请考试合理便利，英语听力可免试。

聋人可以考上普通高校，但要在普通高校顺利完成学业还是会面临很多挑战。普通高校仍普遍缺少无障碍学习环境和必要的支持手段。因此，即便是听力和口语康复较好的听障学生，通过普通高考上了大学之后，仍需要依靠自己的能力和加倍的努力才能跟上大学的课程，顺利毕业。

国外的很多大学都有专门的无障碍办公室，为学生提供量身定制的无障碍服务。比如哈佛大学为本科生提供无障碍服务的官网就列出了针对聋人和重听学生的服务内容，根据每个学生的具体需求可提供实时字幕、课程内容录音、前排就坐、手语翻译等各项服务。

国内面向听障考生单独招生的高等院校目前只有十几所，主要为大专和本科。聋人学生可选择的专业也非常有限，主要集中在绘画、动漫、摄影、计算机应用等方向。有的聋生喜欢数学、表演、心理学或经济学，却苦于没有专业选项，只能去读一个自己并不那么喜欢的专业。

第十四单元

看脸的语言

一、趣味对话

1. 词汇与短语

扫描二维码,
观看词汇和短语视频。

找不到男朋友   **搭讪**   **害羞**

脸皮厚   **脸皮薄**   **痛**   **顺利**

找不到

害羞

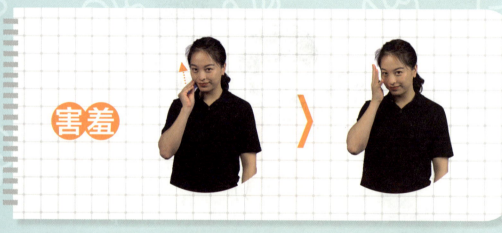

脸皮厚

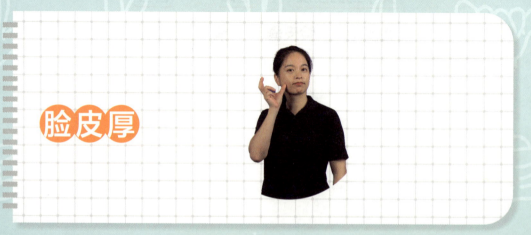

痛

顺利

2. 情景呈现

扫描二维码，观看对话视频。
看看胖胖和瘦瘦在聊啥，对照文本学习对话。

● **瘦瘦：** / 我 / 找 / 男朋友 / 受阻 // 为什么（疑问）/
我为什么总是找不到男朋友？

● **胖胖：** / 你 / 眼 / 朝上 / 看 / 下面 / 不理 /
你啊，眼睛只会朝上看，下面的人都看不见。

● **瘦瘦：** / 你 / 要 / 我 / 朝下 / 看（疑问）/ 你要我往下看？

● **胖胖：** / 是 / 对。

● **瘦瘦：** / 朝下 / 看 / 没有 / 我朝下看了，也还是找不到啊！

• • • • • • • • • • • • •

● **瘦瘦：** /（眼睛追着看）他 / 帅 + / 哇，好帅啊！

● **胖胖：** / 搭讪 / 交朋友 / 走 / 快去搭讪，交个朋友。

● **瘦瘦：** / 不 // 我 / 害羞 / 不，我害羞。

● **胖胖：** / 脸皮厚 + / 要脸皮厚一点，去。

● **瘦瘦：** / 不 + // 我 / 脸皮薄 / 不 / 不要不要，我脸皮薄。

● **胖胖：** / 我 / 帮 / 你 / 我来帮你。

二、主题拓展

扫描二维码，观看拓展视频。

1. 脸颊部位相关表达

黄色	脸皮厚
白色	脸皮薄
老	要面子
亲	给我面子
冰	害羞
猫	羞羞
容易	丢脸
硬	严肃
顺利	如果

2. 下巴部位相关表达

喜欢

不喜欢

经历过

效果

年轻

吃亏

亏本

活该

故意

惊呆了

3. 眼睛部位相关表达

看

观察

看到

看穿

看不起

远见

浅见

眼光

近视

老花眼

盲人

三、聋文化轶事

聋人就医

很多聋人害怕生病，更害怕上医院看病，因为和医生沟通很不方便。

去医院如果没有手语翻译，聋人只能通过在纸上写字或者用手机打字和医生沟通。相比口语交流，写字沟通的速度慢，效率也低。而医院常常人满为患，医生经常处在超负荷工作的状态，很难有足够的时间和耐心来慢慢与聋人写字沟通。他们常常会打发聋人先回家，让他们下次带家人一起来看病。

而聋人的家人往往要上班或者上学，聋人并不想总是麻烦家人，因此有小病小痛时经常忍着，实在忍不了了才去医院。有时小病就拖成了大病。

随着无障碍社会环境建设的推进，上海、北京、杭州、武汉、厦门等地开始为聋人提供导医手语翻译服务，有些医院开设了每周一次的助聋门诊，聋人可以提前预约手语翻译陪同前往医院就诊，或者选择当地医院的助聋门诊时段（通常是一周的某一个下午）去看病。

有了手语翻译协助，医生问诊以及病人描述自己的症状、咨询医生建议也能更加顺利。

　　主编团队采访了多位在医院做翻译的手语译员，发现有的译员会在问诊结束后把重要信息转成文字发给聋人以及他们的家人，确保聋人病人能按时按量准确用药、及时检查和复查，以免贻误病情。

第十五单元

明明白白
我的心

一、趣味对话

1. 词汇与短语

扫描二维码，
观看词汇和短语视频。

叛逆	担心	怀疑她谈恋爱
正常	影响学习	经历过　安心
"阳过"	感染新冠	难受　受不了
发烧三天	幸福	不公平
平时运动		

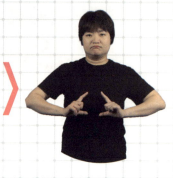

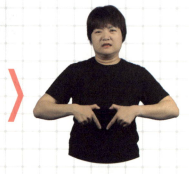

影响
①

影响
②

经历过

感染

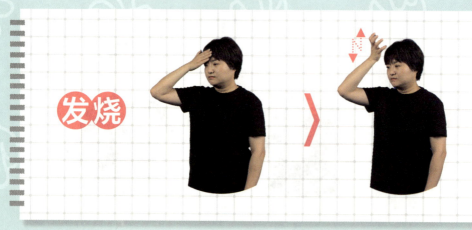

发烧

2. 情景呈现

扫描二维码，观看对话视频。
看看胖胖和瘦瘦在聊啥，对照文本学习对话。

● **胖胖：** / 我 / 最近 / 女儿 / 叛逆 // 我 / 担心 /
我女儿最近非常叛逆，我很担心。

● **瘦瘦：** / 担心 / 什么（疑问）/ 担心什么？

● **胖胖：** / 怀疑 / 她 / 恋爱 / 我怀疑她在谈恋爱。

● **瘦瘦：** / 她 / 几岁（疑问）/ 她几岁？

● **胖胖：** / 年龄 / 15 / 她 15 岁。

● **瘦瘦：** / 她 / 年龄 / 15 / 叛逆 / 时间段 // 正常 /
这个年龄段是叛逆期，很正常。

● **胖胖：** / 影响 / 学习 / 会影响学习啊。

● **瘦瘦：** / 不 // 我 / 以前 / 年龄 / 15 / 恋爱 / 经历过 / 一样 // 我 / 学习 / OK /
不会啦，我 15 岁的时候也谈过恋爱，学习也没问题啦。

● **胖胖：** / 你 / 大学 / 考上（疑问）/ 那你考上大学了吗？

● **瘦瘦：** / 我 / 考上 / 当然考上了！

● **胖胖：** / 工作 / 有（疑问）/ 有工作吗？

●**瘦瘦**: /工作/好//我/现在/生活/好/
工作也好啊，我现在生活过得好着呢。

●**胖胖**: /（点头）/哦。

●**瘦瘦**: /安心/你可以安心啦。

●**胖胖**: /OK/好吧。

●●● ●●● ●●● ●●● ●●●

●**瘦瘦**: /你/"阳"/过（疑问）/你"阳过"了吗？

●**胖胖**: /新冠/可怕/感染//我/难受//受不了/
是啊，染上新冠肺炎真可怕，简直太难受了。

●**瘦瘦**: /几天（疑问）/你病了几天？

●**胖胖**: /三天/发烧/三天//你（疑问）/发烧了三天，你呢？

●**瘦瘦**: /我/一天/完//难受/没有//吃/幸福/
我一天就好了，没有难受，还能吃，很幸福。

●**胖胖**: /幸福//为什么/不公平/为什么/太幸福了，为什么这么不公平？

●**瘦瘦**: /我/平时/运动/有//你/没有/
因为我平时都坚持运动啊，你没有。

二、主题拓展

扫描二维码，观看拓展视频。

心脏部位相关表达

难受	嫉妒
幸福	受不了
生气	爽
开心	不舒服
失望	舒服
着急	担心
安心	放心
紧张	叛逆
自信	忠厚老实
恨	

三、聋文化轶事

聋人在美国就医的经历

约翰是一位住在美国特拉华州的聋人，他平时有个头痛脑热要去看病之前，都会提前跟当地的医院预约时间。医院知道他是聋人，会在他就诊的时间段约好手语翻译在场协助医患沟通。手语翻译的费用由医院承担。遇到需要住院治疗的时候，住院期间医院也都会安排手语翻译在场，帮助约翰和医护人员顺畅沟通。

但是有一次，医院却拒绝了约翰提出的手语翻译需求。这次是他要陪着他怀孕的太太来做孕期检查。他太太是位健听人，医院认为，既然孕妇是健听人，那就不需要为其提供手语翻译服务。虽然约翰是聋人，但是这次他并不是病人，而是陪同太太来做检查的，因此他不应该享受手语翻译服务。

医院似乎是占理的。但约翰不服气，他查找了美国的相关法律，和医院进行了一番交涉。他认为他作为胎儿的父亲，有权利知道胎儿发育状态如何，因此孕检过程他也是服务对象，是客户。

经过约翰的据理力争，最终医院同意了他的请求，为他提供了手语翻译。费用当然还是由医院承担。

第十六单元

肩有担当

一、趣味对话

1. 词汇与短语

扫描二维码，
观看词汇和短语视频。

压力　吵架　等到何时　18 岁就好了

先不管她　　银行　　贷款 100 万元

担保人　　再说一遍　　有事先走

压力

吵架

银行

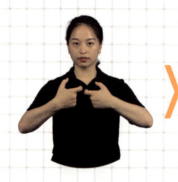
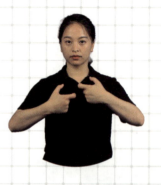

2. 情景呈现

扫描二维码，观看对话视频。
看看胖胖和瘦瘦在聊啥，对照文本学习对话。

● **胖胖：** /我/最近/压力/ 我最近压力太大了。

● **瘦瘦：** /压力/什么（疑问）/ 什么让你压力大？

● **胖胖：** /我/昨天/我/和/女儿/吵架/ 我昨天和女儿吵架了。

● **瘦瘦：** /吵架/什么（疑问）/ 吵什么？

● **胖胖：** /我/女儿/不喜欢/我/管/ 我女儿不喜欢我管她。

● **瘦瘦：** /她/几岁（疑问）/ 她几岁？

● **胖胖：** /年龄/15/ 15岁。

● **瘦瘦：** /她/叛逆/期//正常/ 她正在叛逆期，正常。

● **胖胖：** /等/什么时间/ 等到什么时候才能好呢？

● **瘦瘦:** /她/等/年龄/18/长大/差不多/好/ 等她18岁差不多就好了。

● **胖胖：** /三年/ 还要等三年啊？！

●**瘦瘦：** / 现在 / 先 / 不管 / 她 / 你现在先不管她。

●**胖胖：** / 不管 / 好吧，不管她。

●**瘦瘦：** / 我 / 想 / 买 / 房子 // 我 / 去 / 银行 / 借 / 100 万 // 你 / 可以 / 做 / 我 / 担保人（疑问）/
我想买房子，要去银行贷款 100 万元，你可以做我的担保人吗？

●**胖胖：** / 说 / 什么 // 再 / 说 / 一遍 / 你说什么？你再说一遍？

●**瘦瘦：** / 我 / 买 / 房子 // 我 / 去 / 银行 / 借 / 100 万 /
我想买房子，要去银行贷款 100 万……

●**胖胖：** / 我 / 有事 / 拜拜 / 我有事先走。

扫描二维码，观看拓展视频。

1. 肩膀位置相关表达

责任 / 使命　　　　　前天

管　　　　　　　　　刚才

不管　　　　　　　　历史

诬陷　　　　　　　　以前

压力　　　　　　　　担保 / 负担

昨天

2. 手臂位置相关表达

血

累 / 辛苦

劳务费

辛苦费

价值 / 值得 / 划算

进步

退步

白瞎

三、聋文化轶事

聋人自媒体

近年来，越来越多聋人开始做手语相关的自媒体。有的聋人开设了手语微信公众号，各自主打的内容丰富多彩，有新闻、美食、旅游、普法、投资等等。在短视频网站上，也开始出现用手语带货的主播，他们卖衣服、卖首饰、卖零食，让更多的聋人群体可以享受手语购物带来的轻松快乐。

渐渐地，有不少手语公众号和手语直播带货做成了手语圈的"大 V"。当然，手语圈毕竟是个小众圈子，平台上能有 1 万粉丝就算是个小网红了。

一些出圈的聋人博主大多男帅女美。让很多听人朋友羡慕的是，这些聋人博主在美妆、摄影、故事叙述等方面颇有才华，许多视频尽管没有绚丽的剪辑转场或配乐，但总是能抓住观众的眼睛，很有趣味性。

许多听人和聋人喜爱这些聋人博主，不仅仅是因为他们可以产出优质的视频和图文内容，更多的还是被他们积极生活、乐观向上的人生态度所吸引。而这样积极向上的正能量，也正是我们这个社会和大众所需要、所追求的。

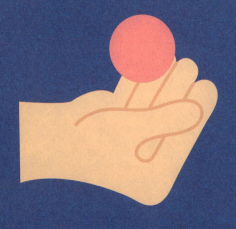

第十七单元

一点小意思

1. 词汇与短语

扫描二维码，
观看词汇和短语视频。

什么意思　有意思　没什么意思

不好意思　吴总你认识吗　了解

不够了解　合作多次　关系怎么样

关系很熟　关系不熟　发工资

拖欠　你们自己解决

工资

拖欠 ①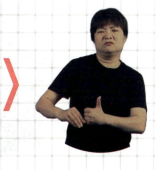

拖欠 ②

很熟

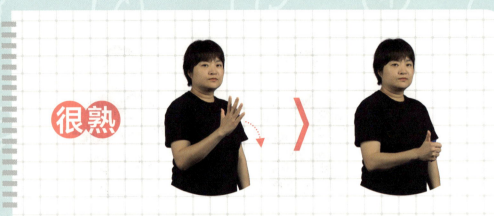

解决

2. 情景呈现

扫描二维码，观看对话视频。
看看胖胖和瘦瘦在聊啥，对照文本学习对话。

（胖胖殷勤地给瘦瘦递过礼物）

● **瘦瘦：** / 你 / 意思 / 什么 / 这是什么意思？

● **胖胖：** / 意思 / 小 / 一点小意思。

● **瘦瘦：** / 你 / 有 / 意思 / 你真是有意思。

● **胖胖：** / 意思 / 没有 / 没什么意思。

● **瘦瘦：** / 我 / 不好意思 / 那我可就不好意思了。

● **胖胖：** / 不 // 我 / 不好意思 / 不，是我不好意思。

● • • 　 • • • 　 • • • 　 • • • 　 • • •

● **胖胖：** / 吴总 / 你 / 认识（疑问）/ 你认识吴总吗？

● **瘦瘦：** / 我 / 认识 // 怎么了（疑问）/ 我认识啊，咋了？

● **胖胖：** / 你 / 了解 / 他（疑问）/ 你了解他吗？

● **瘦瘦：** / 我 / 了解（肯定）// 他 / 我 / 合作 / 多次 /
我了解他，我多次和他合作。

●**胖胖：** / 关系 / 怎么样（疑问）/ 你们关系怎么样？

●**瘦瘦：** / 他 / 我 / 关系 / 熟悉 / 我们关系可太熟了。

●**胖胖：** / 可不可以 / 帮（我）/ 告诉（他）/ 快 / 钱 / 发 // 拖延 // 告诉（他）
/ 快 / 发给（我）// 可以（疑问）/
那可不可以转告吴总，让他尽快发工资啊，他总是拖着不发。
让他快点发给我吧，可以吗？

●**瘦瘦：** / 我 / 了解 / 不够 // 你 / 他 / 自己 / 解决 /
这样啊……我对他了解还不够，你自己和他解决吧。

扫描二维码，观看拓展视频。

1. 轮指手型相关表达

顺利　　　　　　　　轮到（我）

熟练　　　　　　　　有的人／有些人

熟了　　　　　　　　啰嗦

了解　　　　　　　　减少

顺路

每天

多次

2. 弹指手型相关表达

嫉妒	甩锅
抱歉	扔（我）
不好意思	广东
机智	澳大利亚
各种各样	上午
自私	下午
什么意思	
淡	

三、聋文化轶事

一位聋人创业者的苦恼

这是一位聋人创业者的真实经历叙述：

我开办公司过程中遇到了不少麻烦。首先是工商局注册流程需要能和工商局进行高效率的沟通，但没有手语翻译协助，我只能自己写字和他们沟通。工商局的人很快就不耐烦了，沟通进展很不顺利。而有些专业名词（如验资、注册资金等）我也不是很懂，办理过程让我感到非常困难和苦恼。

接下来办税流程也非常麻烦。每次遇到问题都需要去税务局解决。税务局同样没有手语翻译服务，我也只能依靠手机打字和税务工作人员沟通。他们总是给我一大堆文件让我自己回家去读。可看着发票认证、抵扣税款、专项扣除这些税务专业名词，我就一头雾水，又不好意思去问他们是什么意思。偶尔鼓起勇气去问，工作人员满脸嫌弃的眼神简直能立刻杀死我。

前一阵，税务局多次给我打电话，但我因为是聋人接不了电话，也不知道是税务局打来的，所以一看到陌生的电话我就直接挂掉。可等到下一次我去税务局的时候，我被警告没有按时做个人所得税季报，为此要罚我滞纳金。可能是因为我没有办法接电话，没能及时收到税务局的提醒造成的后果。

　　如果工商局、税务局能提供手语翻译服务的话，我就能更好地了解相关政策和程序，也能免去一些麻烦和额外的经济损失。我期待这一天的到来！

第十八单元

表白被拒了

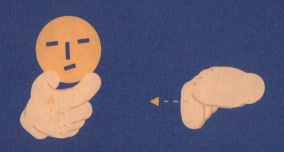

一、趣味对话

1. 词汇与短语

扫描二维码，
观看词汇和短语视频。

很多人追求	暗恋	心动	勇敢表白
我喜欢你		接受	成功
他拒绝我	我拒绝他		可以选择
对他念念不忘	找过他		这次怎么样

暗恋

心动

勇敢

接受  >

成功①  >

成功②  >

拒绝

选择

2. 情景呈现

扫描二维码，观看对话视频。
看看胖胖和瘦瘦在聊啥，对照文本学习对话。

● **胖胖：** / 你以前 / 大学 / 多人追你（疑问）/
你以前读大学时有很多人追你吗？

● **瘦瘦：** / 没有 / 没有。

● **胖胖：** / 暗恋 / 男 / 有（疑问）/ 有暗恋的男生么？

● **瘦瘦：** / 有 // 我 / 心 / 喜欢 / 是 / 男 // 打球 / 投篮 / 我看 / 太帅 // 心 / 动 /
有啊。我看上一位打篮球的男生，他打球太帅了！我好心动呀。

● **胖胖：** / 告诉 / 我 / 喜欢 / 你 / 有（疑问）/ 你去表白了吗？

● **瘦瘦：** / 有 // 我 / 大胆 / 去 / 我 / 喜欢 / 你 /
有啊。我大胆地向他表白说我喜欢他。

● **胖胖：** / 接受 / 成功 / 恋爱（疑问）/ 他接受表白，你们成功恋爱了？

● **瘦瘦：** / 拒绝（→我）/ 他拒绝我啦！

● **胖胖：** / 为什么（疑问）/ 为什么啊？

● **瘦瘦：** / 我 / 以前 / 胖 / 丑 / 当时我又胖又丑。

● **胖胖：** / 现在 / 你 / 漂亮 // 多人追 // 选择 / 可以 /
可你现在很漂亮啊，应该有很多人追你吧，你可以选择。

· **183** ·

● **瘦瘦**：/ 我 / 选择 / 看 / 摇摇头 // 心 / 没有 // 心 / 喜欢 / 他 / 以前 / 他 / 喜欢 / 他 /
可我……都没看上，没心动的感觉。我心里还对他念念不忘。

● **胖胖**：/ 现在 / 可以 / 去 / 告诉 / 现在 / 找 / 他 /
那你现在快去找他表白嘛。

● **瘦瘦**：/ 有 // 找 / 过了 / 我去找过他了。

● **胖胖**：/ 状态 / 成功（疑问）/ 怎么样？这次成功了吗？

● **瘦瘦**：/ 他 / 结婚 / 了 / 他已经结婚了！

● **胖胖**：/（大笑）/ 哈哈哈……

扫描二维码，观看拓展视频。

1. 亲密关系

一见钟情	信任
日久生情	体贴
暗恋	勤奋
喜欢	温柔
爱	承担责任
支持	

2. 爱的宣言

● 我写情书给你，向你表白。

○ 我直接表白。

● 我努力追他。

○ 我追她，被拒绝，一直追她，结果成了。

● 我结婚了，看我的戒指。

○ 我甜言蜜语终于追到她，求婚成功！耶！

● 他偷情！和他离婚！

○ 我总算看清我们俩不合适，只能离婚。

三、聋文化轶事

无障碍需求

　　设置轮椅、坡道、电梯里可及的数字按钮等，都是为了满足肢体残疾人或其他轮椅使用者的无障碍需求；设置盲道、公交车和交通灯系统的语音提示、读屏软件等，则是为了满足盲人的无障碍需求。那么对于聋人来说，他们的无障碍需求有哪些呢？

　　对于听不见的聋人群体来说，把听觉信息视觉化是他们最重要的无障碍需求。比如在家居场合，他们需要闪灯的门铃、闪烁报警器、放在枕下或床头的震动闹钟等。各类公共场合的电子显示屏是他们获取信息的必要渠道。

　　字幕和手语无疑是保障聋人群体获取信息的关键手段，比如电视节目配字幕、配手语翻译，会议和公共活动场合配备实时字幕和手语翻译等，都是聋人群体能平等获取信息的重要保障。

　　除此之外，聋人也需要"聋人空间"（deaf space），也就是对聋人友好的空间设计，这是一个容易被忽视的概念。聋人依靠视觉获取信息，他们喜欢没有视线阻隔的开阔空间。在美国加劳德特大学，聋生宿舍的设计便充分考虑了聋人空间的概念，在需要放置隔板的地方尽量使用不阻碍视线的透明材料。

聋人友好餐厅同样尊重"聋人空间"概念，这样的餐厅内光线充足，视线范围内的空间阻隔少，容易看清环境。当然聋人友好餐厅还会雇用聋人服务员，或者配备常用语的文字牌，方便聋人客户无障碍点餐。

另外，根据聋人空间的概念，安排聋人座位时应尽量呈U形，而不是一字排开，这样能方便手语使用者面对面相互看清对方的手语。